ALL MY
GOLF
STUFF

THIS JOURNAL BELONGS TO:

_____

START | END | DATE

COURSE NAME

WEATHER   **TEMP**

HANDICAP   **PAR**

TEES   **YARDAGE**

PLAYERS

FRONT 9

HOLES	PAR	DRIVE	FAIRWAY	PUTTS	HAZARD	YARDAGE	STROKE
1							
2							
3							
4							
5							
6							
7							
8							
9							
TOTAL							

BACK 9

1							
2							
3							
4							
5							
6							
7							
8							
9							
TOTAL							
GRAND TOTAL							
	ALBATROSS	EAGLES	BIRDIES	PARS	BOGEYS	DOUBLES	TRIPLES

NOTES

START

END

DATE

COURSE NAME

WEATHER **TEMP**

HANDICAP **PAR**

TEES **YARDAGE**

PLAYERS

FRONT 9

HOLES	PAR	DRIVE	FAIRWAY	PUTTS	HAZARD	YARDAGE	STROKE
1							
2							
3							
4							
5							
6							
7							
8							
9							
TOTAL							

BACK 9

1							
2							
3							
4							
5							
6							
7							
8							
9							
TOTAL							
GRAND TOTAL							
	ALBATROSS	EAGLES	BIRDIES	PARS	BOGEYS	DOUBLES	TRIPLES

NOTES

START

END

DATE

COURSE NAME

WEATHER   **TEMP**

HANDICAP   **PAR**

TEES   **YARDAGE**

PLAYERS

FRONT 9

HOLES	PAR	DRIVE	FAIRWAY	PUTTS	HAZARD	YARDAGE	STROKE
1							
2							
3							
4							
5							
6							
7							
8							
9							
TOTAL							

BACK 9

1							
2							
3							
4							
5							
6							
7							
8							
9							
TOTAL							
GRAND TOTAL							
	ALBATROSS	EAGLES	BIRDIES	PARS	BOGEYS	DOUBLES	TRIPLES

NOTES

START

END

DATE

COURSE NAME

WEATHER   **TEMP**

HANDICAP   **PAR**

TEES   **YARDAGE**

PLAYERS

FRONT 9

HOLES	PAR	DRIVE	FAIRWAY	PUTTS	HAZARD	YARDAGE	STROKE
1							
2							
3							
4							
5							
6							
7							
8							
9							
TOTAL							

BACK 9

1							
2							
3							
4							
5							
6							
7							
8							
9							
TOTAL							
GRAND TOTAL							
	ALBATROSS	EAGLES	BIRDIES	PARS	BOGEYS	DOUBLES	TRIPLES

NOTES

START | END | DATE

START	END	DATE

COURSE NAME [   ]

WEATHER [   ] **TEMP** [   ]

HANDICAP [   ] **PAR** [   ]

TEES [   ] **YARDAGE** [   ]

PLAYERS [   ]

FRONT 9

HOLES	PAR	DRIVE	FAIRWAY	PUTTS	HAZARD	YARDAGE	STROKE
1							
2							
3							
4							
5							
6							
7							
8							
9							
TOTAL							

BACK 9

1							
2							
3							
4							
5							
6							
7							
8							
9							
TOTAL							
GRAND TOTAL							
	ALBATROSS	EAGLES	BIRDIES	PARS	BOGEYS	DOUBLES	TRIPLES

NOTES

START   END   DATE

COURSE NAME

WEATHER   **TEMP**

HANDICAP   **PAR**

TEES   **YARDAGE**

PLAYERS

FRONT 9

HOLES	PAR	DRIVE	FAIRWAY	PUTTS	HAZARD	YARDAGE	STROKE
1							
2							
3							
4							
5							
6							
7							
8							
9							
TOTAL							

BACK 9

1							
2							
3							
4							
5							
6							
7							
8							
9							
TOTAL							
GRAND TOTAL							
	ALBATROSS	EAGLES	BIRDIES	PARS	BOGEYS	DOUBLES	TRIPLES

NOTES

START | END | DATE

START	END	DATE

COURSE NAME

WEATHER _____ **TEMP** _____

HANDICAP _____ **PAR** _____

TEES _____ **YARDAGE** _____

PLAYERS _____

FRONT 9

HOLES	PAR	DRIVE	FAIRWAY	PUTTS	HAZARD	YARDAGE	STROKE
1							
2							
3							
4							
5							
6							
7							
8							
9							
TOTAL							

BACK 9

	PAR	DRIVE	FAIRWAY	PUTTS	HAZARD	YARDAGE	STROKE
1							
2							
3							
4							
5							
6							
7							
8							
9							
TOTAL							
GRAND TOTAL							
	ALBATROSS	EAGLES	BIRDIES	PARS	BOGEYS	DOUBLES	TRIPLES

NOTES

START   END   DATE

COURSE NAME

WEATHER   **TEMP**

HANDICAP   **PAR**

TEES   **YARDAGE**

PLAYERS

FRONT 9

HOLES	PAR	DRIVE	FAIRWAY	PUTTS	HAZARD	YARDAGE	STROKE
1							
2							
3							
4							
5							
6							
7							
8							
9							
TOTAL							

BACK 9

1							
2							
3							
4							
5							
6							
7							
8							
9							
TOTAL							
GRAND TOTAL							
	ALBATROSS	EAGLES	BIRDIES	PARS	BOGEYS	DOUBLES	TRIPLES

NOTES

START

END

DATE

COURSE NAME

WEATHER | **TEMP**

HANDICAP | **PAR**

TEES | **YARDAGE**

PLAYERS

FRONT 9

HOLES	PAR	DRIVE	FAIRWAY	PUTTS	HAZARD	YARDAGE	STROKE
1							
2							
3							
4							
5							
6							
7							
8							
9							
TOTAL							

BACK 9

HOLES	PAR	DRIVE	FAIRWAY	PUTTS	HAZARD	YARDAGE	STROKE
1							
2							
3							
4							
5							
6							
7							
8							
9							
TOTAL							
GRAND TOTAL							
	ALBATROSS	EAGLES	BIRDIES	PARS	BOGEYS	DOUBLES	TRIPLES

NOTES

START	END	DATE

COURSE NAME

WEATHER _____ **TEMP** _____

HANDICAP _____ **PAR** _____

TEES _____ **YARDAGE** _____

PLAYERS _____

FRONT 9

HOLES	PAR	DRIVE	FAIRWAY	PUTTS	HAZARD	YARDAGE	STROKE
1							
2							
3							
4							
5							
6							
7							
8							
9							
TOTAL							

BACK 9

	PAR	DRIVE	FAIRWAY	PUTTS	HAZARD	YARDAGE	STROKE
1							
2							
3							
4							
5							
6							
7							
8							
9							
TOTAL							
GRAND TOTAL							
	ALBATROSS	EAGLES	BIRDIES	PARS	BOGEYS	DOUBLES	TRIPLES

NOTES

START

END

DATE

COURSE NAME

WEATHER   **TEMP**

HANDICAP   **PAR**

TEES   **YARDAGE**

PLAYERS

FRONT 9

HOLES	PAR	DRIVE	FAIRWAY	PUTTS	HAZARD	YARDAGE	STROKE
1							
2							
3							
4							
5							
6							
7							
8							
9							
TOTAL							

BACK 9

1							
2							
3							
4							
5							
6							
7							
8							
9							
TOTAL							
GRAND TOTAL							
	ALBATROSS	EAGLES	BIRDIES	PARS	BOGEYS	DOUBLES	TRIPLES

NOTES

START

END

DATE

COURSE NAME

WEATHER   **TEMP**

HANDICAP   **PAR**

TEES   **YARDAGE**

PLAYERS

FRONT 9

HOLES	PAR	DRIVE	FAIRWAY	PUTTS	HAZARD	YARDAGE	STROKE
1							
2							
3							
4							
5							
6							
7							
8							
9							
TOTAL							

BACK 9

HOLES	PAR	DRIVE	FAIRWAY	PUTTS	HAZARD	YARDAGE	STROKE
1							
2							
3							
4							
5							
6							
7							
8							
9							
TOTAL							
GRAND TOTAL							
	ALBATROSS	EAGLES	BIRDIES	PARS	BOGEYS	DOUBLES	TRIPLES

NOTES

_____

_____

_____

_____

_____

_____

_____

_____

_____

_____

_____

_____

_____

_____

_____

_____

_____

START

END

DATE

COURSE NAME

WEATHER

TEMP

HANDICAP

PAR

TEES

YARDAGE

PLAYERS

FRONT 9

HOLES	PAR	DRIVE	FAIRWAY	PUTTS	HAZARD	YARDAGE	STROKE
1							
2							
3							
4							
5							
6							
7							
8							
9							
TOTAL							

BACK 9

1							
2							
3							
4							
5							
6							
7							
8							
9							
TOTAL							
GRAND TOTAL							
	ALBATROSS	EAGLES	BIRDIES	PARS	BOGEYS	DOUBLES	TRIPLES

NOTES

START

END

DATE

COURSE NAME

WEATHER   **TEMP**

HANDICAP   **PAR**

TEES   **YARDAGE**

PLAYERS

FRONT 9

HOLES	PAR	DRIVE	FAIRWAY	PUTTS	HAZARD	YARDAGE	STROKE
1							
2							
3							
4							
5							
6							
7							
8							
9							
TOTAL							

BACK 9

1							
2							
3							
4							
5							
6							
7							
8							
9							
TOTAL							
GRAND TOTAL							
	ALBATROSS	EAGLES	BIRDIES	PARS	BOGEYS	DOUBLES	TRIPLES

NOTES

START | END | DATE

START	END	DATE

COURSE NAME

WEATHER | **TEMP**

HANDICAP | **PAR**

TEES | **YARDAGE**

PLAYERS

FRONT 9

HOLES	PAR	DRIVE	FAIRWAY	PUTTS	HAZARD	YARDAGE	STROKE
1							
2							
3							
4							
5							
6							
7							
8							
9							
TOTAL							

BACK 9

HOLES	PAR	DRIVE	FAIRWAY	PUTTS	HAZARD	YARDAGE	STROKE
1							
2							
3							
4							
5							
6							
7							
8							
9							
TOTAL							
GRAND TOTAL							

ALBATROSS	EAGLES	BIRDIES	PARS	BOGEYS	DOUBLES	TRIPLES

NOTES

START | END | DATE

START	END	DATE

COURSE NAME

WEATHER | **TEMP**

HANDICAP | **PAR**

TEES | **YARDAGE**

PLAYERS

FRONT 9

HOLES	PAR	DRIVE	FAIRWAY	PUTTS	HAZARD	YARDAGE	STROKE
1							
2							
3							
4							
5							
6							
7							
8							
9							
TOTAL							

BACK 9

HOLES	PAR	DRIVE	FAIRWAY	PUTTS	HAZARD	YARDAGE	STROKE
1							
2							
3							
4							
5							
6							
7							
8							
9							
TOTAL							
GRAND TOTAL							

ALBATROSS	EAGLES	BIRDIES	PARS	BOGEYS	DOUBLES	TRIPLES

NOTES

START | END | DATE

START	END	DATE

COURSE NAME

WEATHER | **TEMP**

HANDICAP | **PAR**

TEES | **YARDAGE**

PLAYERS

FRONT 9

HOLES	PAR	DRIVE	FAIRWAY	PUTTS	HAZARD	YARDAGE	STROKE
1							
2							
3							
4							
5							
6							
7							
8							
9							
TOTAL							

BACK 9

1							
2							
3							
4							
5							
6							
7							
8							
9							
TOTAL							
GRAND TOTAL							
	ALBATROSS	EAGLES	BIRDIES	PARS	BOGEYS	DOUBLES	TRIPLES

NOTES

START	END	DATE

COURSE NAME [ ]

WEATHER [ ]   **TEMP** [ ]

HANDICAP [ ]   **PAR** [ ]

TEES [ ]   **YARDAGE** [ ]

PLAYERS [ ]

FRONT 9

HOLES	PAR	DRIVE	FAIRWAY	PUTTS	HAZARD	YARDAGE	STROKE
1							
2							
3							
4							
5							
6							
7							
8							
9							
TOTAL							

BACK 9

1							
2							
3							
4							
5							
6							
7							
8							
9							
TOTAL							
GRAND TOTAL							
	ALBATROSS	EAGLES	BIRDIES	PARS	BOGEYS	DOUBLES	TRIPLES

NOTES

START

END

DATE

COURSE NAME

WEATHER   **TEMP**

HANDICAP   **PAR**

TEES   **YARDAGE**

PLAYERS

FRONT 9

HOLES	PAR	DRIVE	FAIRWAY	PUTTS	HAZARD	YARDAGE	STROKE
1							
2							
3							
4							
5							
6							
7							
8							
9							
TOTAL							

BACK 9

HOLES	PAR	DRIVE	FAIRWAY	PUTTS	HAZARD	YARDAGE	STROKE
1							
2							
3							
4							
5							
6							
7							
8							
9							
TOTAL							
GRAND TOTAL							
	ALBATROSS	EAGLES	BIRDIES	PARS	BOGEYS	DOUBLES	TRIPLES

NOTES

START	END	DATE

COURSE NAME [ ]

WEATHER [ ] **TEMP** [ ]

HANDICAP [ ] **PAR** [ ]

TEES [ ] **YARDAGE** [ ]

PLAYERS [ ]

FRONT 9

HOLES	PAR	DRIVE	FAIRWAY	PUTTS	HAZARD	YARDAGE	STROKE
1							
2							
3							
4							
5							
6							
7							
8							
9							
TOTAL							

BACK 9

	PAR	DRIVE	FAIRWAY	PUTTS	HAZARD	YARDAGE	STROKE
1							
2							
3							
4							
5							
6							
7							
8							
9							
TOTAL							
GRAND TOTAL							
	ALBATROSS	EAGLES	BIRDIES	PARS	BOGEYS	DOUBLES	TRIPLES

NOTES

START

END

DATE

COURSE NAME

WEATHER **TEMP**

HANDICAP **PAR**

TEES **YARDAGE**

PLAYERS

FRONT 9

HOLES	PAR	DRIVE	FAIRWAY	PUTTS	HAZARD	YARDAGE	STROKE
1							
2							
3							
4							
5							
6							
7							
8							
9							
TOTAL							

BACK 9

HOLES	PAR	DRIVE	FAIRWAY	PUTTS	HAZARD	YARDAGE	STROKE
1							
2							
3							
4							
5							
6							
7							
8							
9							
TOTAL							
GRAND TOTAL							
	ALBATROSS	EAGLES	BIRDIES	PARS	BOGEYS	DOUBLES	TRIPLES

NOTES

START

END

DATE

COURSE NAME

WEATHER | **TEMP**

HANDICAP | **PAR**

TEES | **YARDAGE**

PLAYERS

FRONT 9

HOLES	PAR	DRIVE	FAIRWAY	PUTTS	HAZARD	YARDAGE	STROKE
1							
2							
3							
4							
5							
6							
7							
8							
9							
TOTAL							

BACK 9

1							
2							
3							
4							
5							
6							
7							
8							
9							
TOTAL							
GRAND TOTAL							
	ALBATROSS	EAGLES	BIRDIES	PARS	BOGEYS	DOUBLES	TRIPLES

NOTES

START

END

DATE

COURSE NAME

WEATHER   TEMP

HANDICAP   PAR

TEES   YARDAGE

PLAYERS

FRONT 9

HOLES	PAR	DRIVE	FAIRWAY	PUTTS	HAZARD	YARDAGE	STROKE
1							
2							
3							
4							
5							
6							
7							
8							
9							
TOTAL							

BACK 9

1							
2							
3							
4							
5							
6							
7							
8							
9							
TOTAL							
GRAND TOTAL							
	ALBATROSS	EAGLES	BIRDIES	PARS	BOGEYS	DOUBLES	TRIPLES

NOTES

START

END

DATE

COURSE NAME

WEATHER | **TEMP**

HANDICAP | **PAR**

TEES | **YARDAGE**

PLAYERS

FRONT 9

HOLES	PAR	DRIVE	FAIRWAY	PUTTS	HAZARD	YARDAGE	STROKE
1							
2							
3							
4							
5							
6							
7							
8							
9							
TOTAL							

BACK 9

1							
2							
3							
4							
5							
6							
7							
8							
9							
TOTAL							
GRAND TOTAL							
	ALBATROSS	EAGLES	BIRDIES	PARS	BOGEYS	DOUBLES	TRIPLES

NOTES

_____

_____

_____

_____

_____

_____

_____

_____

_____

_____

_____

_____

_____

_____

_____

_____

_____

_____

_____

_____

START

END

DATE

COURSE NAME

WEATHER   **TEMP**

HANDICAP   **PAR**

TEES   **YARDAGE**

PLAYERS

FRONT 9

HOLES	PAR	DRIVE	FAIRWAY	PUTTS	HAZARD	YARDAGE	STROKE
1							
2							
3							
4							
5							
6							
7							
8							
9							
TOTAL							

BACK 9

1							
2							
3							
4							
5							
6							
7							
8							
9							
TOTAL							
GRAND TOTAL							
	ALBATROSS	EAGLES	BIRDIES	PARS	BOGEYS	DOUBLES	TRIPLES

NOTES

START   END   DATE

COURSE NAME

WEATHER   **TEMP**

HANDICAP   **PAR**

TEES   **YARDAGE**

PLAYERS

FRONT 9

HOLES	PAR	DRIVE	FAIRWAY	PUTTS	HAZARD	YARDAGE	STROKE
1							
2							
3							
4							
5							
6							
7							
8							
9							
TOTAL							

BACK 9

1							
2							
3							
4							
5							
6							
7							
8							
9							
TOTAL							
GRAND TOTAL							
	ALBATROSS	EAGLES	BIRDIES	PARS	BOGEYS	DOUBLES	TRIPLES

NOTES

START   END   DATE

COURSE NAME

WEATHER | **TEMP**

HANDICAP | **PAR**

TEES | **YARDAGE**

PLAYERS

FRONT 9

HOLES	PAR	DRIVE	FAIRWAY	PUTTS	HAZARD	YARDAGE	STROKE
1							
2							
3							
4							
5							
6							
7							
8							
9							
TOTAL							

BACK 9

1							
2							
3							
4							
5							
6							
7							
8							
9							
TOTAL							
GRAND TOTAL							
	ALBATROSS	EAGLES	BIRDIES	PARS	BOGEYS	DOUBLES	TRIPLES

NOTES

START	END	DATE

COURSE NAME [   ]
WEATHER [   ] **TEMP** [   ]
HANDICAP [   ] **PAR** [   ]
TEES [   ] **YARDAGE** [   ]
PLAYERS [   ]

FRONT 9

HOLES	PAR	DRIVE	FAIRWAY	PUTTS	HAZARD	YARDAGE	STROKE
1							
2							
3							
4							
5							
6							
7							
8							
9							
TOTAL							

BACK 9

HOLES	PAR	DRIVE	FAIRWAY	PUTTS	HAZARD	YARDAGE	STROKE
1							
2							
3							
4							
5							
6							
7							
8							
9							
TOTAL							
GRAND TOTAL							
	ALBATROSS	EAGLES	BIRDIES	PARS	BOGEYS	DOUBLES	TRIPLES

NOTES

START	END	DATE

COURSE NAME _____

WEATHER _____ **TEMP** _____

HANDICAP _____ **PAR** _____

TEES _____ **YARDAGE** _____

PLAYERS _____

FRONT 9

HOLES	PAR	DRIVE	FAIRWAY	PUTTS	HAZARD	YARDAGE	STROKE
1							
2							
3							
4							
5							
6							
7							
8							
9							
TOTAL							

BACK 9

1							
2							
3							
4							
5							
6							
7							
8							
9							
TOTAL							
GRAND TOTAL							
	ALBATROSS	EAGLES	BIRDIES	PARS	BOGEYS	DOUBLES	TRIPLES

NOTES

START

END

DATE

COURSE NAME

WEATHER **TEMP**

HANDICAP **PAR**

TEES **YARDAGE**

PLAYERS

FRONT 9

HOLES	PAR	DRIVE	FAIRWAY	PUTTS	HAZARD	YARDAGE	STROKE
1							
2							
3							
4							
5							
6							
7							
8							
9							
TOTAL							

BACK 9

1							
2							
3							
4							
5							
6							
7							
8							
9							
TOTAL							
GRAND TOTAL							
	ALBATROSS	EAGLES	BIRDIES	PARS	BOGEYS	DOUBLES	TRIPLES

NOTES

_____

_____

_____

_____

_____

_____

_____

_____

_____

_____

_____

_____

_____

_____

_____

_____

_____

_____

_____

_____

_____

START   END   DATE

COURSE NAME

WEATHER   **TEMP**

HANDICAP   **PAR**

TEES   **YARDAGE**

PLAYERS

FRONT 9

HOLES	PAR	DRIVE	FAIRWAY	PUTTS	HAZARD	YARDAGE	STROKE
1							
2							
3							
4							
5							
6							
7							
8							
9							
TOTAL							

BACK 9

1							
2							
3							
4							
5							
6							
7							
8							
9							
TOTAL							
GRAND TOTAL							
	ALBATROSS	EAGLES	BIRDIES	PARS	BOGEYS	DOUBLES	TRIPLES

NOTES

START   END   DATE

COURSE NAME

WEATHER   **TEMP**

HANDICAP   **PAR**

TEES   **YARDAGE**

PLAYERS

FRONT 9

HOLES	PAR	DRIVE	FAIRWAY	PUTTS	HAZARD	YARDAGE	STROKE
1							
2							
3							
4							
5							
6							
7							
8							
9							
TOTAL							

BACK 9

1							
2							
3							
4							
5							
6							
7							
8							
9							
TOTAL							
GRAND TOTAL							
	ALBATROSS	EAGLES	BIRDIES	PARS	BOGEYS	DOUBLES	TRIPLES

NOTES

START

END

DATE

COURSE NAME

WEATHER

TEMP

HANDICAP

PAR

TEES

YARDAGE

PLAYERS

FRONT 9

HOLES	PAR	DRIVE	FAIRWAY	PUTTS	HAZARD	YARDAGE	STROKE
1							
2							
3							
4							
5							
6							
7							
8							
9							
TOTAL							

BACK 9

1							
2							
3							
4							
5							
6							
7							
8							
9							
TOTAL							
GRAND TOTAL							
	ALBATROSS	EAGLES	BIRDIES	PARS	BOGEYS	DOUBLES	TRIPLES

NOTES

START	END	DATE

COURSE NAME _____

WEATHER _____ **TEMP** _____

HANDICAP _____ **PAR** _____

TEES _____ **YARDAGE** _____

PLAYERS _____

FRONT 9

HOLES	PAR	DRIVE	FAIRWAY	PUTTS	HAZARD	YARDAGE	STROKE
1							
2							
3							
4							
5							
6							
7							
8							
9							
TOTAL							

BACK 9

HOLES	PAR	DRIVE	FAIRWAY	PUTTS	HAZARD	YARDAGE	STROKE
1							
2							
3							
4							
5							
6							
7							
8							
9							
TOTAL							
GRAND TOTAL							
	ALBATROSS	EAGLES	BIRDIES	PARS	BOGEYS	DOUBLES	TRIPLES

NOTES

START
END
DATE

COURSE NAME
WEATHER   **TEMP**
HANDICAP   **PAR**
TEES   **YARDAGE**
PLAYERS

FRONT 9

HOLES	PAR	DRIVE	FAIRWAY	PUTTS	HAZARD	YARDAGE	STROKE
1							
2							
3							
4							
5							
6							
7							
8							
9							
TOTAL							

BACK 9

HOLES							
1							
2							
3							
4							
5							
6							
7							
8							
9							
TOTAL							
GRAND TOTAL							
	ALBATROSS	EAGLES	BIRDIES	PARS	BOGEYS	DOUBLES	TRIPLES

NOTES

START   END   DATE

COURSE NAME

WEATHER   **TEMP**

HANDICAP   **PAR**

TEES   **YARDAGE**

PLAYERS

FRONT 9

HOLES	PAR	DRIVE	FAIRWAY	PUTTS	HAZARD	YARDAGE	STROKE
1							
2							
3							
4							
5							
6							
7							
8							
9							
TOTAL							

BACK 9

1							
2							
3							
4							
5							
6							
7							
8							
9							
TOTAL							
GRAND TOTAL							
	ALBATROSS	EAGLES	BIRDIES	PARS	BOGEYS	DOUBLES	TRIPLES

NOTES

START

START   **END**   **DATE**

COURSE NAME [   ]
WEATHER [   ] **TEMP** [   ]
HANDICAP [   ] **PAR** [   ]
TEES [   ] **YARDAGE** [   ]
PLAYERS [   ]

FRONT 9

HOLES	PAR	DRIVE	FAIRWAY	PUTTS	HAZARD	YARDAGE	STROKE
1							
2							
3							
4							
5							
6							
7							
8							
9							
TOTAL							

BACK 9

	PAR	DRIVE	FAIRWAY	PUTTS	HAZARD	YARDAGE	STROKE
1							
2							
3							
4							
5							
6							
7							
8							
9							
TOTAL							
GRAND TOTAL							
	ALBATROSS	EAGLES	BIRDIES	PARS	BOGEYS	DOUBLES	TRIPLES

NOTES

START | END | DATE

START	END	DATE

COURSE NAME

WEATHER **TEMP**

HANDICAP **PAR**

TEES **YARDAGE**

PLAYERS

FRONT 9

HOLES	PAR	DRIVE	FAIRWAY	PUTTS	HAZARD	YARDAGE	STROKE
1							
2							
3							
4							
5							
6							
7							
8							
9							
TOTAL							

BACK 9

1							
2							
3							
4							
5							
6							
7							
8							
9							
TOTAL							
GRAND TOTAL							
	ALBATROSS	EAGLES	BIRDIES	PARS	BOGEYS	DOUBLES	TRIPLES

NOTES

START

END

DATE

COURSE NAME

WEATHER   **TEMP**

HANDICAP   **PAR**

TEES   **YARDAGE**

PLAYERS

FRONT 9

HOLES	PAR	DRIVE	FAIRWAY	PUTTS	HAZARD	YARDAGE	STROKE
1							
2							
3							
4							
5							
6							
7							
8							
9							
TOTAL							

BACK 9

	PAR	DRIVE	FAIRWAY	PUTTS	HAZARD	YARDAGE	STROKE
1							
2							
3							
4							
5							
6							
7							
8							
9							
TOTAL							
GRAND TOTAL							
	ALBATROSS	EAGLES	BIRDIES	PARS	BOGEYS	DOUBLES	TRIPLES

NOTES

START

END

DATE

COURSE NAME

WEATHER   **TEMP**

HANDICAP   **PAR**

TEES   **YARDAGE**

PLAYERS

FRONT 9

HOLES	PAR	DRIVE	FAIRWAY	PUTTS	HAZARD	YARDAGE	STROKE
1							
2							
3							
4							
5							
6							
7							
8							
9							
TOTAL							

BACK 9

1							
2							
3							
4							
5							
6							
7							
8							
9							
TOTAL							
GRAND TOTAL							
	ALBATROSS	EAGLES	BIRDIES	PARS	BOGEYS	DOUBLES	TRIPLES

NOTES

START | END | DATE

START	END	DATE

COURSE NAME

WEATHER | **TEMP**

HANDICAP | **PAR**

TEES | **YARDAGE**

PLAYERS

FRONT 9

HOLES	PAR	DRIVE	FAIRWAY	PUTTS	HAZARD	YARDAGE	STROKE
1							
2							
3							
4							
5							
6							
7							
8							
9							
TOTAL							

BACK 9

	PAR	DRIVE	FAIRWAY	PUTTS	HAZARD	YARDAGE	STROKE
1							
2							
3							
4							
5							
6							
7							
8							
9							
TOTAL							
GRAND TOTAL							
	ALBATROSS	EAGLES	BIRDIES	PARS	BOGEYS	DOUBLES	TRIPLES

NOTES

START

END

DATE

COURSE NAME

WEATHER   **TEMP**

HANDICAP   **PAR**

TEES   **YARDAGE**

PLAYERS

FRONT 9

HOLES	PAR	DRIVE	FAIRWAY	PUTTS	HAZARD	YARDAGE	STROKE
1							
2							
3							
4							
5							
6							
7							
8							
9							
TOTAL							

BACK 9

HOLES	PAR	DRIVE	FAIRWAY	PUTTS	HAZARD	YARDAGE	STROKE
1							
2							
3							
4							
5							
6							
7							
8							
9							
TOTAL							
GRAND TOTAL							
	ALBATROSS	EAGLES	BIRDIES	PARS	BOGEYS	DOUBLES	TRIPLES

NOTES

START

END

DATE

COURSE NAME [   ]

WEATHER [   ] **TEMP** [   ]

HANDICAP [   ] **PAR** [   ]

TEES [   ] **YARDAGE** [   ]

PLAYERS [   ]

FRONT 9

HOLES	PAR	DRIVE	FAIRWAY	PUTTS	HAZARD	YARDAGE	STROKE
1							
2							
3							
4							
5							
6							
7							
8							
9							
TOTAL							

BACK 9

	PAR	DRIVE	FAIRWAY	PUTTS	HAZARD	YARDAGE	STROKE
1							
2							
3							
4							
5							
6							
7							
8							
9							
TOTAL							
GRAND TOTAL							
	ALBATROSS	EAGLES	BIRDIES	PARS	BOGEYS	DOUBLES	TRIPLES

NOTES

START

END

DATE

COURSE NAME

WEATHER   **TEMP**

HANDICAP   **PAR**

TEES   **YARDAGE**

PLAYERS

FRONT 9

HOLES	PAR	DRIVE	FAIRWAY	PUTTS	HAZARD	YARDAGE	STROKE
1							
2							
3							
4							
5							
6							
7							
8							
9							
TOTAL							

BACK 9

1							
2							
3							
4							
5							
6							
7							
8							
9							
TOTAL							
GRAND TOTAL							
	ALBATROSS	EAGLES	BIRDIES	PARS	BOGEYS	DOUBLES	TRIPLES

NOTES

START

END

DATE

COURSE NAME

WEATHER | **TEMP**

HANDICAP | **PAR**

TEES | **YARDAGE**

PLAYERS

FRONT 9

HOLES	PAR	DRIVE	FAIRWAY	PUTTS	HAZARD	YARDAGE	STROKE
1							
2							
3							
4							
5							
6							
7							
8							
9							
TOTAL							

BACK 9

HOLES	PAR	DRIVE	FAIRWAY	PUTTS	HAZARD	YARDAGE	STROKE
1							
2							
3							
4							
5							
6							
7							
8							
9							
TOTAL							
GRAND TOTAL							
	ALBATROSS	EAGLES	BIRDIES	PARS	BOGEYS	DOUBLES	TRIPLES

NOTES

START   END   DATE

COURSE NAME

WEATHER   **TEMP**

HANDICAP   **PAR**

TEES   **YARDAGE**

PLAYERS

FRONT 9

HOLES	PAR	DRIVE	FAIRWAY	PUTTS	HAZARD	YARDAGE	STROKE
1							
2							
3							
4							
5							
6							
7							
8							
9							
TOTAL							

BACK 9

1							
2							
3							
4							
5							
6							
7							
8							
9							
TOTAL							
GRAND TOTAL							
	ALBATROSS	EAGLES	BIRDIES	PARS	BOGEYS	DOUBLES	TRIPLES

NOTES

_____

_____

_____

_____

_____

_____

_____

_____

_____

_____

_____

_____

_____

_____

_____

_____

_____

_____

_____

START

END

DATE

COURSE NAME

WEATHER   **TEMP**

HANDICAP   **PAR**

TEES   **YARDAGE**

PLAYERS

FRONT 9

HOLES	PAR	DRIVE	FAIRWAY	PUTTS	HAZARD	YARDAGE	STROKE
1							
2							
3							
4							
5							
6							
7							
8							
9							
TOTAL							

BACK 9

1							
2							
3							
4							
5							
6							
7							
8							
9							
TOTAL							
GRAND TOTAL							
	ALBATROSS	EAGLES	BIRDIES	PARS	BOGEYS	DOUBLES	TRIPLES

NOTES

START

END

DATE

COURSE NAME

WEATHER   **TEMP**

HANDICAP   **PAR**

TEES   **YARDAGE**

PLAYERS

FRONT 9

HOLES	PAR	DRIVE	FAIRWAY	PUTTS	HAZARD	YARDAGE	STROKE
1							
2							
3							
4							
5							
6							
7							
8							
9							
TOTAL							

BACK 9

1							
2							
3							
4							
5							
6							
7							
8							
9							
TOTAL							
GRAND TOTAL							
	ALBATROSS	EAGLES	BIRDIES	PARS	BOGEYS	DOUBLES	TRIPLES

NOTES

START | END | DATE

START	END	DATE

COURSE NAME

WEATHER | **TEMP**

HANDICAP | **PAR**

TEES | **YARDAGE**

PLAYERS

FRONT 9

HOLES	PAR	DRIVE	FAIRWAY	PUTTS	HAZARD	YARDAGE	STROKE
1							
2							
3							
4							
5							
6							
7							
8							
9							
TOTAL							

BACK 9

1							
2							
3							
4							
5							
6							
7							
8							
9							
TOTAL							
GRAND TOTAL							

	ALBATROSS	EAGLES	BIRDIES	PARS	BOGEYS	DOUBLES	TRIPLES

NOTES

START   END   DATE

COURSE NAME [ ]

WEATHER [ ]   **TEMP** [ ]

HANDICAP [ ]   **PAR** [ ]

TEES [ ]   **YARDAGE** [ ]

PLAYERS [ ]

FRONT 9

HOLES	PAR	DRIVE	FAIRWAY	PUTTS	HAZARD	YARDAGE	STROKE
1							
2							
3							
4							
5							
6							
7							
8							
9							
TOTAL							

BACK 9

	PAR	DRIVE	FAIRWAY	PUTTS	HAZARD	YARDAGE	STROKE
1							
2							
3							
4							
5							
6							
7							
8							
9							
TOTAL							
GRAND TOTAL							
	ALBATROSS	EAGLES	BIRDIES	PARS	BOGEYS	DOUBLES	TRIPLES

NOTES

Printed in Great Britain
by Amazon

14469854R00059